Arte y cultura

Diwali

Suma y resta

Joseph Otterman

Asesora

Colene Van Brunt
Educadora de matemáticas
Escuelas Públicas del Condado de Hillsborough

Créditos de publicación

Rachelle Cracchiolo, M.S.Ed., *Editora comercial*
Conni Medina, M.A.Ed., *Redactora jefa*
Dona Herweck Rice, *Realizadora de la serie*
Emily R. Smith, M.A.Ed., *Realizadora de la serie*
Diana Kenney, M.A.Ed., NBCT, *Directora de contenido*
June Kikuchi, *Directora de contenido*
Caroline Gasca, M.S.Ed., *Editora superior*
Susan Daddis, M.A.Ed., *Editora*
Karen Malaska, M.Ed., *Editora*
Sam Morales, M.A., *Editor asociado*
Kevin Panter, *Diseñador gráfico superior*
Jill Malcolm, *Diseñadora gráfica básica*

Créditos de imágenes: págs.4–5 Vivek Sharma/Alamy; pág.10 Indiapicture/Alamy; todas las demás imágenes provienen de iStock y o Shutterstock.

Library of Congress Cataloging-in-Publication Data

Names: Otterman, Joseph, 1964- author.
Title: Diwali : suma y resta / Joseph Otterman.
Other titles: Diwali. Spanish
Description: Huntington Beach, CA : Teacher Created Materials, 2019. | Series: Arte y cultura | Includes index. | Audience: Grades K to 3. |
Identifiers: LCCN 2018055922 (print) | LCCN 2019008299 (ebook) | ISBN 9781425823078 (eBook) | ISBN 9781425828455 (pbk.)
Subjects: LCSH: Divali--Juvenile literature.
Classification: LCC BL1239.82.D58 (ebook) | LCC BL1239.82.D58 O8718 2019 (print) | DDC 294.5/36--dc23
LC record available at https://lccn.loc.gov/2018055922

Teacher Created Materials

5301 Oceanus Drive
Huntington Beach, CA 92649-1030
www.tcmpub.com

ISBN 978-1-4258-2845-5

© 2020 Teacher Created Materials, Inc.
Printed in Malaysia
Thumbprints.23398

Contenido

Festival de las luces 4

Festividad 9

La luz interior 16

Resolución de problemas 20

Glosario 22

Índice 23

Soluciones 24

Festival de las luces

Las casas **brillan** con las luces. Los caminos también brillan. ¡Hasta hay luces que brillan en el agua! Hay luces por todos lados.

Diwali es el **festival** de las luces. Recibe este nombre por las lámparas y velas que encienden las personas.

lámpara de aceite de Diwali

¡HAGAMOS MATEMÁTICAS!

Las personas encienden velas dentro y fuera de sus casas durante Diwali. Imagina que hay 6 velas dentro de una casa. Hay 11 velas fuera. ¿Cuántas velas más hay fuera que dentro?

1. Usa la imagen para resolver el problema.

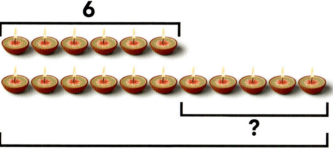

2. ¿Qué ecuación puede ayudarte a resolver el problema?

   A. $6 + \square = 11$

   B. $6 + 11 = \square$

Festividad

Diwali es un tiempo **especial**. Es una festividad. Se realiza en India. Participan la mayoría de las personas que viven allí.

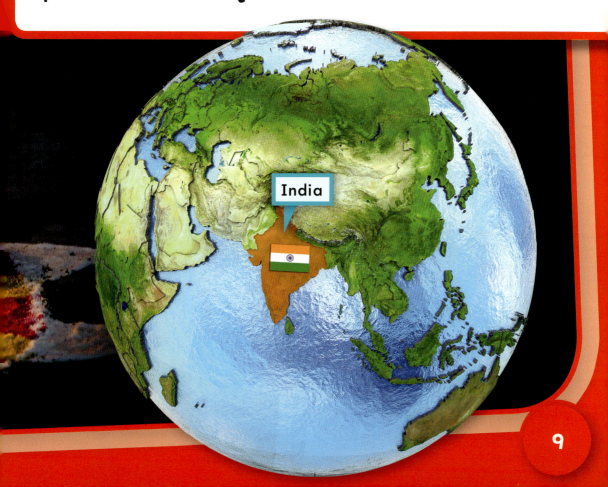

Diwali dura cinco días. Los primeros dos días son para prepararse.

Las personas limpian sus casas y las ponen bonitas. Hacen dibujos en el suelo.

Los tres días siguientes son para visitar. Las familias se reúnen para rezar y darse un **banquete**. Se ríen y comparten. Comienzan un nuevo año. Los fuegos artificiales iluminan la noche.

¡HAGAMOS MATEMÁTICAS!

El laddú es un dulce que se come durante Diwali. Es un postre con forma de bola hecho de harina y azúcar.

Bela tiene 3 laddús de almendra, 4 laddús de chocolate y 6 laddús de coco. ¿Cuántos laddús tiene Bela?

1. Dibuja una recta numérica vacía como esta. Úsala para resolver el problema.

   ←——————————→

2. Escribe una ecuación para demostrar cómo resolviste el problema.

Las personas también visitan a sus amigos. Usan su mejor ropa. Se visten de colores brillantes. Se dan regalos de buena suerte.

Estos amigos se dan regalos.

¡HAGAMOS MATEMÁTICAS!

Raj y Mita están dando regalos a sus amigos. Mita lleva 4 regalos más que Raj. Raj lleva 8 regalos. ¿Cuántos regalos lleva Mita?

1. Usa el modelo de barras para resolver el problema.

Raj	8	
Mita		4
?		

2. Elige las ecuaciones que pueden ayudarte a resolver el problema.

   A. $8 + 4 = \square$

   B. $8 - 4 = \square$

   C. $8 - \square = 4$

   D. $4 + 8 = \square$

La luz interior

Diwali puede significar muchas cosas. Pero siempre se trata de la luz. Es sobre la luz que cada persona lleva en el corazón.

Las luces que cuelgan hacen **recordar** a las personas la esperanza. Piensan en las cosas buenas que vendrán.

Diwali es un momento de felicidad. Es un momento para dar gracias. Las personas dan gracias por las cosas buenas de su vida. Comparten lo bueno con los demás.

Resolución de problemas

Las fiestas son una manera popular de celebrar Diwali. Usa las pistas para completar la tabla.

1. Dibuja una tabla similar a la de la página 21.

    a. La fiesta de Yasin tiene 6 invitados menos que la de Taj.

    b. La fiesta de Vari tiene 2 invitados más que la de Yasin.

    c. La fiesta de Devi tiene 4 invitados menos que la de Vari.

2. ¿La fiesta de quién tiene más invitados: la de Taj o la de Devi? ¿Cuántos más?

3. ¿La fiesta de quién tiene menos invitados: la de Yasin o la de Devi? ¿Cuántos menos?

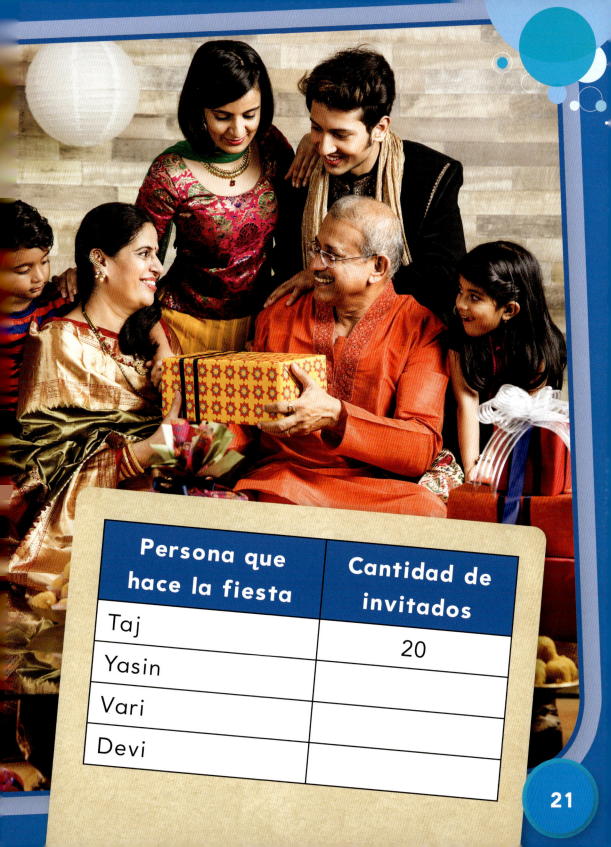

Persona que hace la fiesta	Cantidad de invitados
Taj	
Yasin	20
Vari	
Devi	

Glosario

banquete: una comida abundante y especial

brillan: reflejan la luz

especial: diferente de lo normal

festival: una celebración

recordar: hacer acordar a alguien

Índice

amigos, 14–15

banquete, 12

festividad, 9

fuegos artificiales, 12

gracias, 19

India, 9

luces, 4, 6, 16–17

Soluciones

¡Hagamos matemáticas!

página 7:

1. 5 velas
2. A

página 13:

1. 13 laddús

   0 — 3 — 7 — 13 (3, 4, 6)

2. 3 + 4 + 6 = 13

página 15:

1. 12
2. A y D

Resolución de problemas

1. **a.** Yasin tiene 14 invitados.
   b. Vari tiene 16 invitados.
   c. Devi tiene 12 invitados.
2. Taj tiene 8 invitados más que Devi.
3. Devi tiene 2 invitados menos que Yasin.